The ABCs
of Vietnamese Food

Windy Pham

Bảng chữ cái tiếng việt

Aa	Ăă	Ââ
(a)	(á)	(ớ)
Đđ	Ee	Êê
(đờ)	(e)	(ê)
Kk	Ll	Mm
(ca)	(lờ)	(mờ)
Ơơ	Pp	Qq
(ơ)	(pờ)	(quy)
Uu	Ưư	Vv
(u)	(ư)	(vờ)

Vietnamese Alphabet

Bb
(bờ)

Cc
(cờ)

Dd
(dờ)

Gg
(gờ)

Hh
(hờ)

Ii
(i ngắn)

Nn
(nờ)

Oo
(o)

Ôô
(ô)

Rr
(rờ)

Ss
(sờ)

Tt
(tờ)

Xx
(xờ)

Yy
(i dài)

Aa

cua
crab

Ăă

bắp

corn

Ââ

nấm
mushroom

Bb

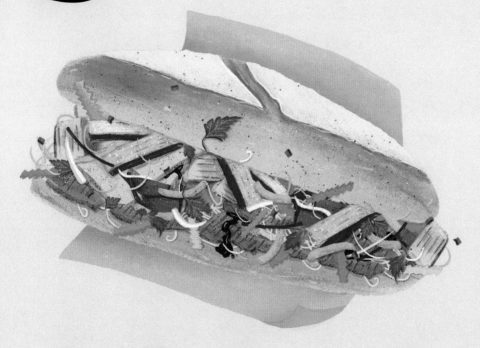

bánh mì
banh mi

Cc

cơm
rice

Dd

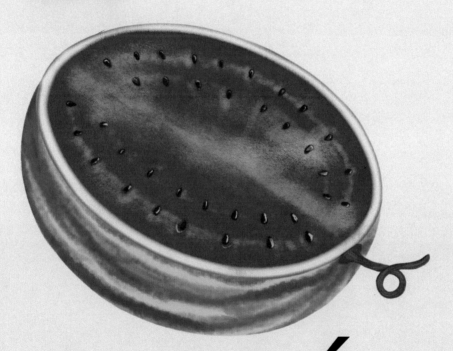

dưa hấu
watermelon

Đđ

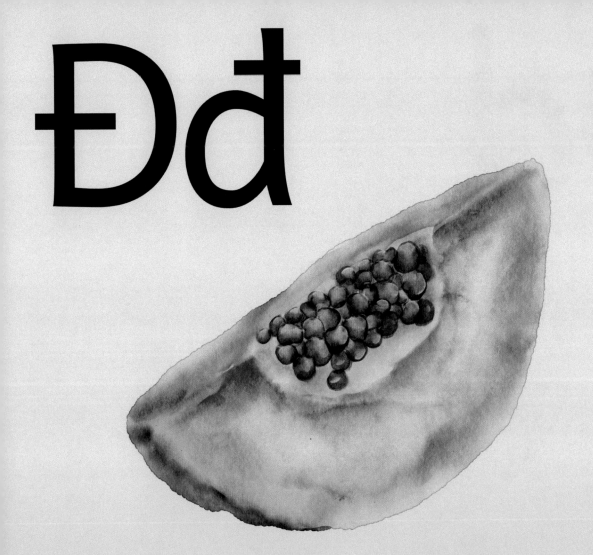

đu đủ

papaya

Ee

kem
ice-cream

Êê

tiêu
black pepper

Gg

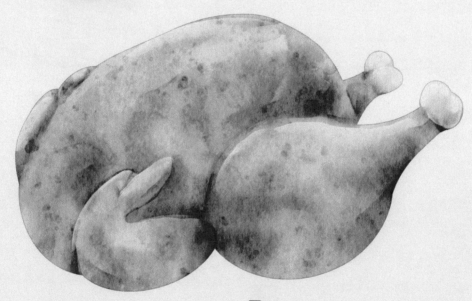

gà
chicken

Hh

hành lá
green onion

Ii

bí ngô

pumpkin

Kk

kẹo
candy

Ll

lẩu

hotpot

Mm

mì
noodle

Nn

nước
water

Oo

tỏi
garlic

Ôô

xôi
sticky rice

Ơơ

ớt
pepper

Pp

phở

pho

Qq

bánh quy
cookie

Rr

rau
vegetable

Ss

sữa
milk

Tt

táo

apple

Uu

củ hành
onion

Ưư

dừa
coconut

Vv

vải

lychee

Xx

xoài
mango

Yy

khoai tây
potato

Windy Pham: Author

Windy Pham is a proud Vietnamese-American mom living in Boston, Massachusetts. Her mission is to keep Vietnamese language alive in our next generation and promote a reading culture through bilingual children's books. As Windy embarks on a learning journey with her daughter, she hopes to help parents make language learning a fun activity for their bilingual kiddos. Check out her book collection and follow her on Instagram @Little.Ant.World.

Our Library

LOVE OUR BOOKS?

— Let Us Know —

Please leave a positive review.
Your support are greatly appreciated!